長崎のジャオドリ と 筑後の大蛇山

原尻英樹

海鳥社

長崎のジャオドリと筑後の大蛇山◉もくじ

長崎のジャオドリ……6

福建省の蛇祭り……36

筑後の大蛇山……52

長崎のジャオドリ

江戸時代後期の長崎派の絵師・石崎融思 が描いた「蛇踊り」
（越中哲也註解『長崎古今集覧名勝図絵』長崎文献社）

蛇か龍か

私は福岡県大牟田市に高校卒業まで住んでいた。長崎は同じ九州でもあり、なじみのある場所だった。その長崎にジャオドリがあるのは小学生のときから知っていた。当時、「ジャオドリといっているが、龍みたいに見える。なぜジャオドリ、つまり、蛇の踊りなのだろう」と常々思っていた。

大牟田には大蛇山という祭りがあり、こちらも見た感じは龍だが、脚がないので龍だとは思わなかった。ジャオドリのジャに脚があるのかどうかは知らなかったが、中国から来たと聞いていたので、龍だろうと思っていた。というのは、中国で龍は神格化されていたからだ。

恐らく、読者の皆さんのなかにも同じような疑問をお持ちの方がいるだろう。まず、ここを糸口にして、本書の導入としたい。

昭和三十年代、長崎では「龍踊り」と表記して、これを「ジャオドリ」と読ませることに改められ

長崎古版画「唐人蛇踊」江戸後期。唐人屋敷で演じられていた蛇踊りに端を発している（長崎歴史文化博物館収蔵）

た。「蛇踊り」と書くと長崎以外の人は「ヘビオドリ」と読むことが多く、これはよろしくないという理由である。龍踊りと書いても、誰も「ジャオドリ」とは読めないだろうが、これ以後、龍踊りを「ジャオドリ」と読むことになった。

　こういった経緯で、現在、正式名称は「龍踊り」である。もともと「蛇踊り」と書き、なぜ「ジャオドリ」としていたのかは、誰も思わなくなった。小学生のときの私のような疑問をもつ人も、長崎ではいなくなったのだろうか。

国際都市・長崎

　長崎市の諏訪神社の祭礼である長崎くんちは、異国情緒と日本文化の融合とでもいおうか、日本のほかの祭りにはない独特の雰囲気をもっている。

　おくんちは、旧暦の重陽の節句にあたる九月九日に祭りを行うので「おくんち」となったと伝えられている。現在は十月七－九日の三日にわたり行われている。町を挙げて催され、多くの観光客

川原慶賀筆「唐蘭館絵巻　龍踊図」（長崎歴史文化博物館収蔵）

が訪れる、長崎を代表する秋の大祭で、江戸初期の寛永年間（一六二四－四五年）に始まったとされる。

徳川幕府が鎖国政策をとるなか、長崎は幕府の直轄地として、幕府の管理で貿易が行われた。幕府はカトリック国でないオランダと中国に貿易を許したが、その唯一の交易地が長崎とされた。長崎はそれから大きく発展した場所である。

戦国時代、イエズス会の教会領となっていた長崎では、度重なる禁教令にもかかわらず、キリシタンが減らなかった。そこで、寛永二（一六二五）年、市中にあった三つの神社を修験者が集めてお祀りし、諏訪神社ができた。諏訪神社を長崎の鎮守、町民を氏子、そして長崎くんちを神事とし、キリシタンを一掃する狙いがあったといわれる。

当時の長崎には、中国語（福建語が中心であったが、北京語、広東語の通訳もいた。中国は地方ごとに言語が違う。それも少し違いではなく、それぞれ独立した別の言語ともいえるほど多様な「中国語」がある）のみならず、オランダ語の通訳もいた。当

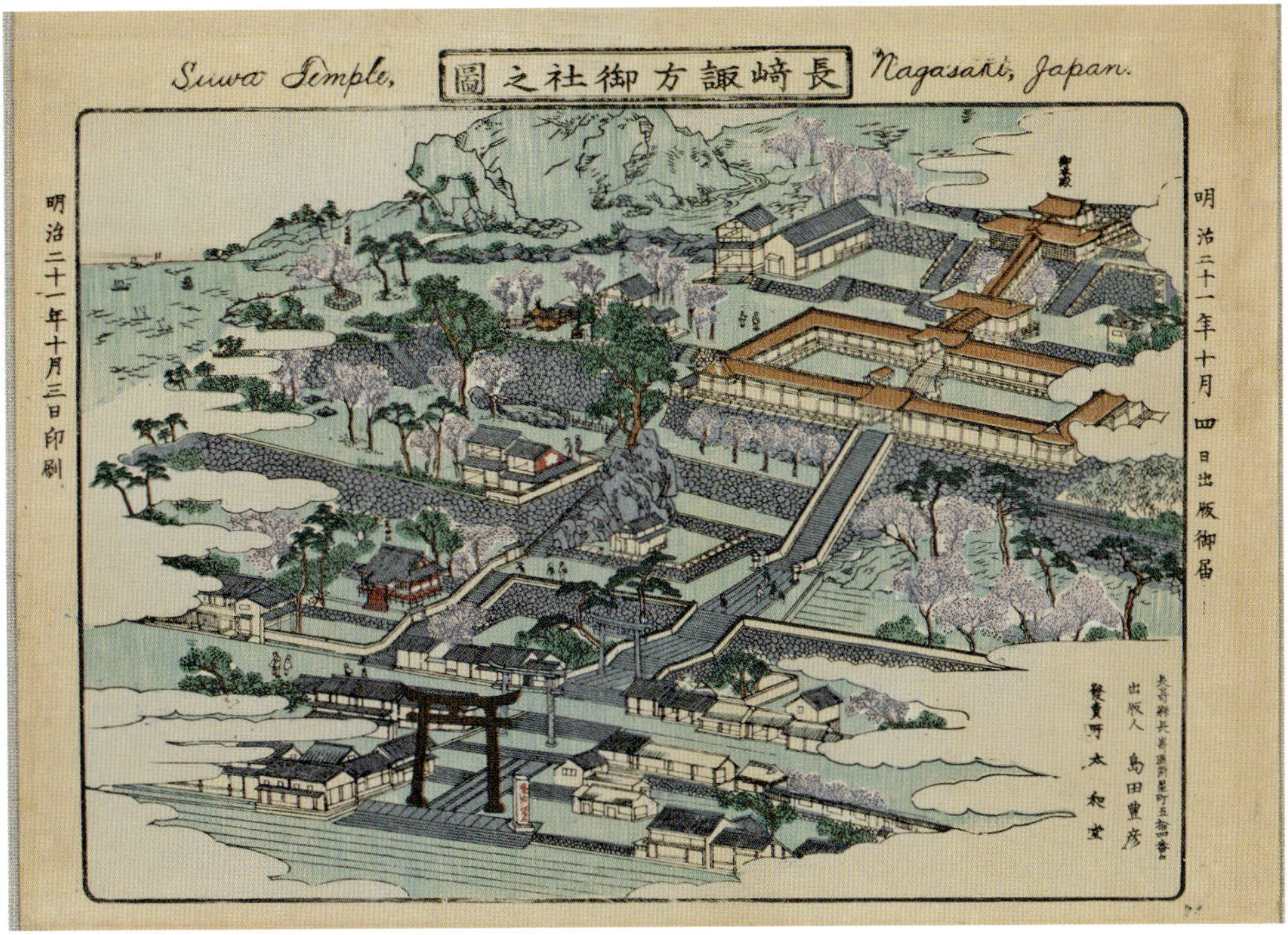

諏訪神社図（長崎歴史文化博物館収蔵）

時「蘭学」といわれたオランダの学問も、長崎でのみ学ぶことができた。つまり、長崎は日本最先端の国際都市だったのである。

　対外貿易を生業とする商人たちの仕事の場は長崎のみであり、そういう商人には相当なプライドがあった。このような人々が、おくんちの担い手であり、この祭りを対外的にアピールする人々でもあった。

　当時の商人たちの共通の認識は、おくんちの出し物にはマネがあってはならず、すべての演目がおくんちだけで見られるものでなければならない、この一点であった。

折衷様式の祭り

　長崎のジャオドリは、もともと長崎在住の中国人の祭りであった。しかし、幕府からの制約が緩んできた幕末、舶来ものであるこの中国の祭りが諏訪神社のおくんちでもできるようなったことが、その始まりと考えられる。鎖国政策をとってから、幕府はオランダ、中国からの舶来ものについての制約は、

おくんちの町内巡り。行列の先頭には天狗がいる。諏訪神社には修験が関わっており、おくんちのときも修験が祭りを進行させていたと考えられる

かなり強固であり、一般公開を認めようとはしなかったが、幕末になってそれが可能になったといえよう。当時の中国人が行っていたジャオドリを現地の人々が学んで始めたのであろう。

長崎くんちに出される演目はたくさんあるが、ジャオドリはそのなかのひとつで、観光客の一番の目当てでもある。

ジャオドリは中国伝来の踊りで、おくんちの演目のなかには、ジャオドリ以外に龍宮船があり、これも龍関係である。この龍宮船は、中国を思わせる船ではあるが、和式の舞台に中国の船が載せられたもので、中国にそのような船があるわけではない。ほかにも、阿蘭陀万歳、南蛮船などオランダやポルトガルといった近世の貿易国の影響、傘鉾の京都、関東の獅子踊の影響も見られる。

このような折衷様式は、祭りが始まったときから連綿と続けられており、毎年、新たな要素を取り入れている。京都の祭りなどが、伝統を重んじ古式の保存をその旨としているのとは対照的に、原型は残して、新

東濱町の龍宮船。おくんちの出し物には、龍、あるいは龍宮と関係のある出し物も含まれている。日本では、蛇と龍が合体した龍蛇信仰もあり、蛇信仰、龍蛇信仰、それに龍信仰が重なっている。おくんちの出し物には、日本のこのような信仰の重なりを見ることもできる

龍宮船に新体操を重ねて出し物にしている。龍宮船はおくんちが始まって以来あると思われる

日本唯一の海外に開かれた港であった長崎だったので、
ポルトガルなどの南蛮文化も紹介しているのだろう

たなもの、新しい指向を重視しているのが、おくんちである。

この進取の気性の背景には、江戸時代の長崎商人たちの、日本の最先端は長崎であり、それを取り仕切っているのは自分たちであるという、自負があったといえる。

福建省と長崎

江戸時代、長崎に住む中国人の大半は、福建省出身者であった。まず、これらの人々の文化について考えてみたい。

福建省と日本との関係は古い。古代、この周辺には越《えつ》という国があった（紀元前六〇〇年ごろ－紀元前三三四年）。日本にイネをもたらしたのは、越の人々である。

越が滅ぶと、越の人たちは諸国に散らばった。その人々が生活している場所は一般的に「倭《わ》」と呼ばれ、中国国内いたるところにあった。そして、倭の人々が日本に渡って倭国を建てた。当時の中国では、こう考

諏訪大社上社

えられたので、日本は「倭国」と呼ばれている。『魏志倭人伝』には倭人の生活が描かれている。海民であった倭人は、海での狩猟などを行っていて、危険な狩りをする際には害敵から身を守るために入れ墨をしていた。入れ墨は、当然強い力をもった存在が描かれ、それは蛇であったと考えられている。すでに縄文時代に蛇信仰が一般化していたことが、これにて分かるだろう。

この信仰が、越から来たのか、もともと日本にあったのかは分からない。しかし、海での生活という点では、越も日本も同様だったのであり、同じ仕事を同じ環境条件で行っていた人々の共通文化だと考えることができる。

諏訪神社と蛇

長崎くんちは長崎の総氏神・諏訪神社の祭礼である。全国に諏訪神社は一万以上あるが、その総本山は長野県の諏訪湖周辺に四か所の境内がある諏訪大社である。諏訪大社のもともとの神は、ミシャグジといわれ

縄文時代には蛇信仰があったことが分かる出土品
「蛇文装飾深鉢」（左）と「巳を戴く土偶」（井戸尻考古館蔵）

ている。「御石神」、「御社宮司」、「御左口神」などと表記され、諏訪地方の土着の神々である。

映画監督で文化人類学者の北村皆雄は「諏訪神社上社の、年七十五回というおびただしい数の祭祀で、最も重い意味をもつのは、〈御室《みむろ》〉関係の神事である。そのなかで、〈第一の御體〉といわれる〈ミシャグジ〉と蛇が神事の中心を支えている」という（「ミシャグジ祭政体考」）。

諏訪大社の創建の年代は不明だが、日本最古の神社のひとつといわれる。

諏訪大社との関係ははっきりしないが、同じ長野県の八ヶ岳山麓にある井戸尻遺跡群からは、縄文時代に蛇信仰があったことが分かる遺物が発掘されている。

蛇信仰

奈良県にある三輪山は山自体が蛇を表象しており、蛇の神性を物語る神聖な山である。古来、大物主大《おおものぬしのおお》神《かみ》が鎮座する神の山として信仰されている。麓にある大神《おおみわ》神社は三輪山そのものを神体とし、本殿は設けず

三輪山（左）と大神神社

に拝殿の奥に鳥居があるだけで、自然そのものを崇拝する祀りの姿になっている。三輪山に入ると、いたるところに蛇を象徴するものがあり、蛇に関する伝説も多い。

　大神神社の主祭神は大物主大神であるが、大己貴神《おおなむちのかみ》と少彦名神《すくなひこなのかみ》も併せて祀られている。大己貴は大国主の別名であり、大国主大神《おおくにぬしのおおかみ》は島根の出雲大社の主祭神である。

　その出雲大社の御神体は「竜蛇様」とされる。十月の別名は「神無月」だが、これは日本中の神々が出雲の神に挨拶に行ってしまい神がいなくなるからといわれる。しかし、出雲では「神在月」と呼ばれている。そして、出雲に集まってくる神々を案内するのが、ウミヘビとされている。

　このように創建の古い神社でも蛇を神を祀っているところは多い。蛇神は日本人の原始信仰と深く結び付いているといえる。

　このような蛇の神格化には、蛇の生態が関係していると考えられる。脚がないのにすばやく動き、獲物を

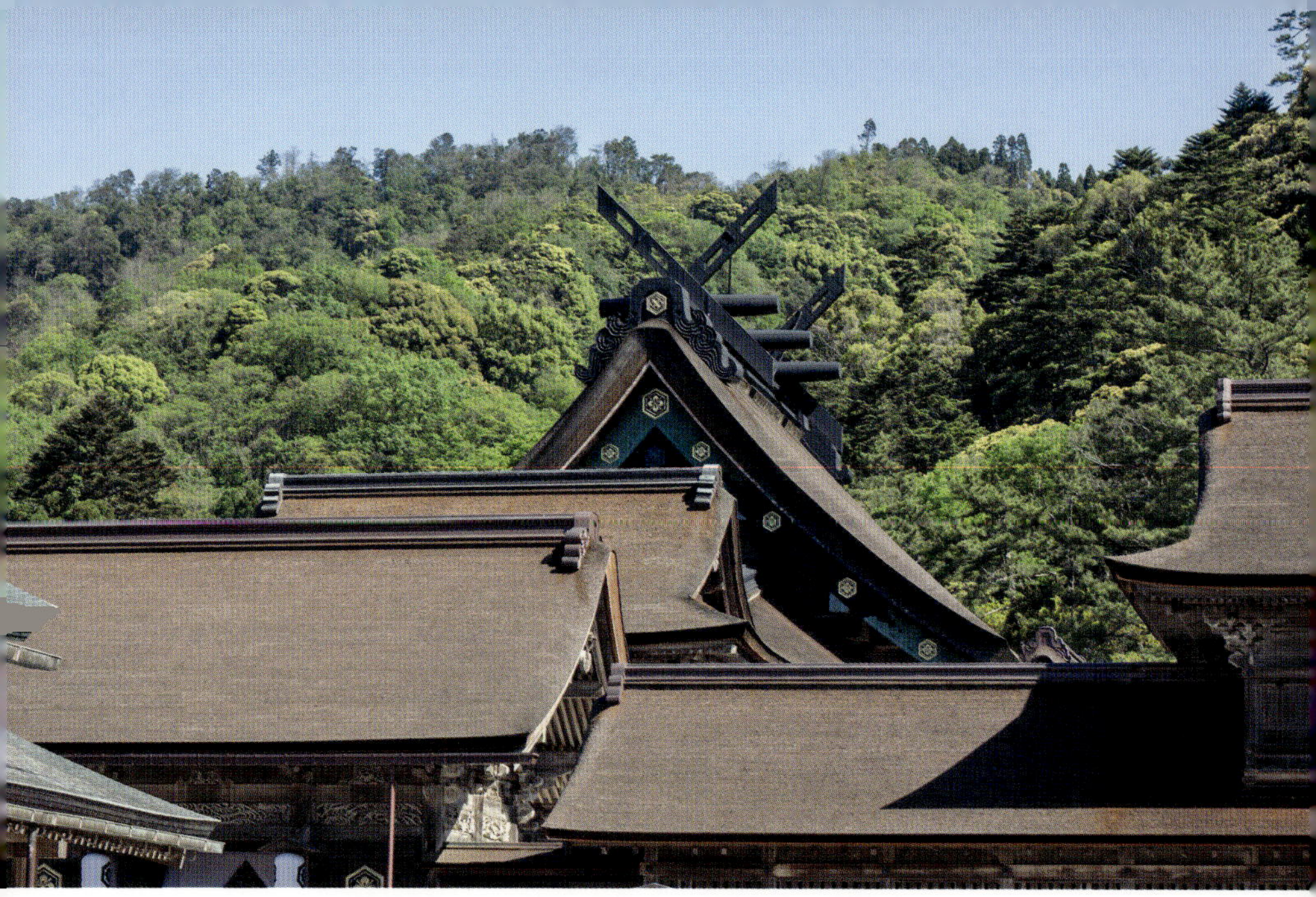

出雲大社。後ろの八雲山は、出雲大社の御神山で、
古くは蛇山と呼ばれていたという

一瞬にして巻きついて捕らえるといった、一種「異形」であり、神的な力があると思われていただろう。さらに、子どもを一度に複数生み、その子どもがすぐに動き出すという点も見逃せない。また、脱皮をすることから「死と再生」を連想させる。ここにも、蛇の神的な力があると思われたであろう。

弥生時代になってからは、米を食べるネズミの天敵が蛇であるため、蛇は豊穣と多産と永遠の生命力の象徴になり、水神として祀られる対象になっている。

福建省の蛇信仰

蛇信仰は日本のみならず東シナ海域全般に見られる。次章で取り上げる福建省の南平の蛇祭りは、この時代から連綿と続いていると考えられる。つまり、福建省の人々は日本と同じく蛇信仰をもっていたといえる。ただし、中国全体では蛇ではなく、龍が信仰の対象であり、それは福建省の人々も知っていたはずである。龍は、前漢（紀元前二〇六年－八年）の時代に創作された伝説の生きもので、王が龍の子孫として君臨する

福建省の閩江

という皇帝の象徴となった。中国でこの考えが一般化するのは、唐の時代（六一八 - 九〇七年）になってからである。それ以降、福建省以外では龍が重視されることになった。

ちなみに蛇祭りが行われる南平を流れる川は、閩江《びんこう》という。「閩」とは造語で蛇の意味であり、ここの人々は蛇を自分たちの所属する集団のシンボルとし、蛇の子孫と自称していた。また、この自称はほかの地域の人々も認めていたので他称にもなっており、自他ともに認める蛇の子孫ということになっている。

長崎の中国文化は北京などからではなく、現在の福建省からのものであり、人も福建省からであった。

この一例として、日本全国的には「酢豚」、長崎では「スーパイコ」という料理をあげることができる。「スーパイコ」という言い方は長崎に限らず九州でも一般的である。スーパイコは、実は中国語そのものではなく、最初の「ス」は日本語の「酢」の発音であり、「パイコ」は中国語でスペアリブの意味である。中国語ならば、ツーパイコとなる。

諏訪神社。中国伝来の蛇は外来神だが、もともとの諏訪神社の蛇信仰と結び付けられ、自分たちの神になったといえよう

福建省のこの料理は、酢豚とは少し趣が異なり、肉料理として伝わっている郷土料理である。長崎のスーパイコは、これをもとに、長崎人の舌に合うようにアレンジされた料理である。

　ジャオドリも、中国伝来ということになっているが、中国のやり方を中国人から学んだうえで、日本のやり方を取り入れてジャオドリにしている。つまり、ジャオドリは、踊りのスーパイコともいうことができるだろう。

長崎くんちのジャオドリ

　では、なぜ「ジャオドリ」が採用されたのだろうか。現在分かっている情報をもとに推測してみたい。

　まず、おくんちの祭りにはマネがあったのではダメなので、中国から直輸入した龍の踊りそのままには抵抗があったことが考えられる。

　次に、諏訪神社は前述のように、旧来から蛇信仰が伝えられ、後にはそれが龍も含めた龍蛇信仰の形にもなった。つまり、諏訪神社にとっては、蛇の祭りは受

立福寺のジャオドリ保存会の図。この絵自体は、近年描かれたものであり、長崎のジャオドリの影響を受けているが、もともとは長崎とは別のジャオドリであったと考えられる

け入れやすい形態であった。しかも、福建省出身の中国人も、蛇であることには賛成だったはずであり、提供する方も、受け入れる方もどちらも都合のいい話になったと考えられる。

そして、日本の一般民衆にとっては、古来より蛇信仰が継続していたのであるから、ジャオドリであることには何の違和感もなかったといえる。

こうして採用されたジャオドリにも進取の趣が加えられ、変化のなかに伝統が保たれているといえよう。同じことはしないというおくんちの伝統は、ここでも守られている。

ジャオドリは、長崎くんちの演目のなかでもとりわけ人を引きつけ、ほかにはない中国やオランダの異国情緒のある祭りを盛り上げている。

大村市立福寺のジャオドリ

長崎県の中央に位置する大村市は、江戸時代には大村藩があったところで、北九州市の小倉と長崎を結ぶ長崎街道が通り、二つの宿場があった。中国やオラン

蛇神が出たとされる立福寺町の水場。立福寺のジャオドリはこの湧水の伝承から始まっている

ダの文化や学問などは、この道を通って日本へ広まっていった、歴史のある町である。

大村でもかつてはジャオドリが行われていたところが複数ある。そのなかで、近年復活した、立福寺《りふくじ》町のジャオドリを見てみる。ちなみに、立福寺の地名の由来となったのは、平安時代に創建されたといわれる龍福寺である（天正二年、焼き討ちに遭い廃寺）。

立福寺にある山の麓に湧水が出ているところがあり、その湧水を蛇に与えたところ、お礼に雨を降らせてくれたことが、このジャオドリの始まりだという。蛇をカミとして崇めることは日本国中に見られるが、大村市のこの地では、それが、ジャオドリという形で残されている。

長崎のジャオドリに影響されて最近になって新たにつくった蛇は、長崎の職人に頼んだというが、もともとの蛇は、ここの人々の手製であった。しかも、口から火を噴かせていたという。

また、ジャオドリのときは、ジャの案内役ともいえる鬼が出てきて身体じゅうコケだらけにする。つまり、

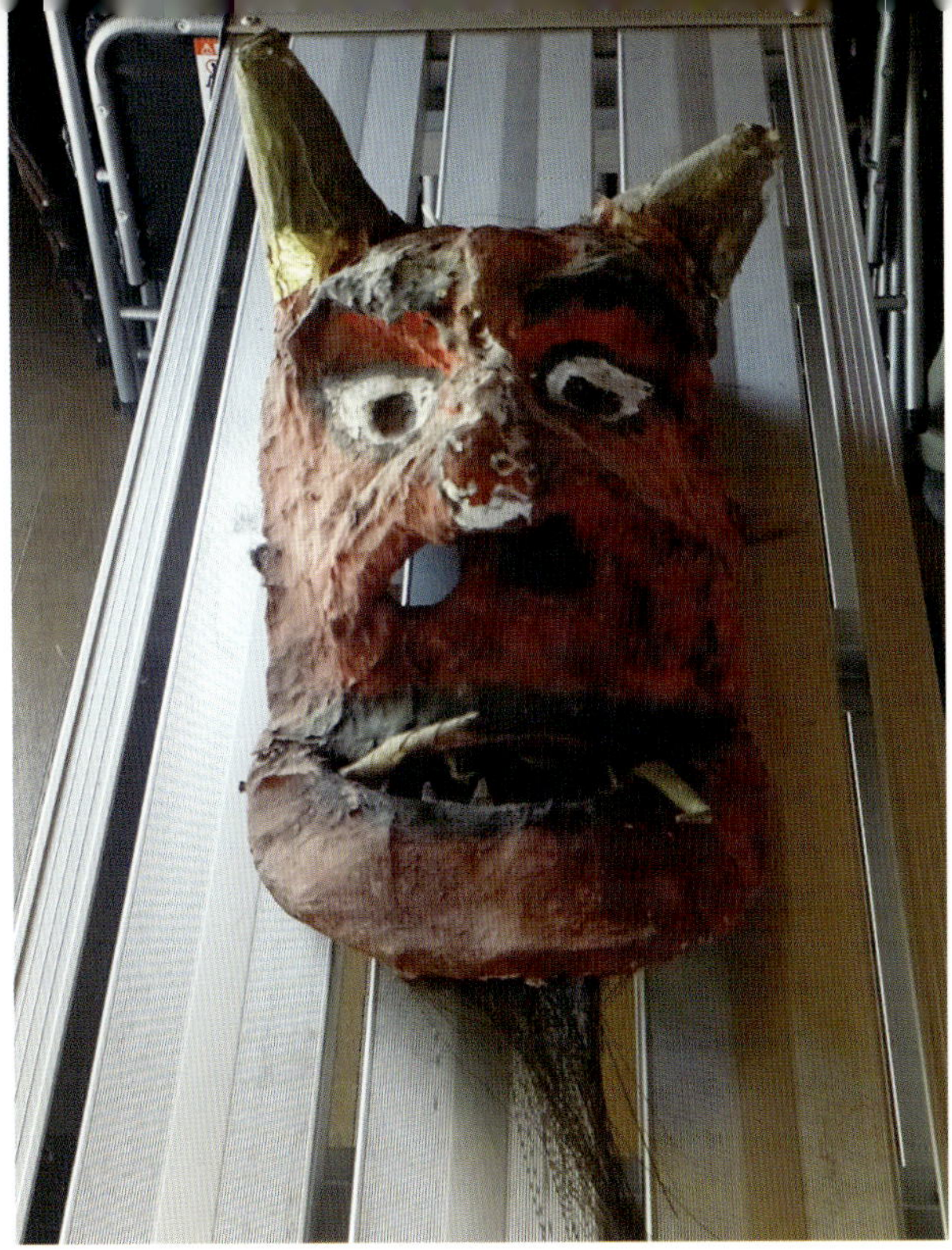

ジャオドリのときに使われる鬼の面。長崎とはやり方が違ったのは、このような面があったことからも分かる。現在では、昔のやり方を知っている人がほとんどいなくなっているという

湿地帯から蛇が登場するという設定になっている。長崎とはやり方が違ったのは、このような面があったことからも分かる。

立福寺のジャオドリがいつ始まったのかは分からないが、幕末に始まった長崎のジャオドリよりも古いと考えられる。江戸時代には、ごく普通に蛇に対する信仰心があったことは間違いないし、農村出身者ならば、蛇は益獣であり、また、水神でもあることを知っていたはずだからである。

ひとつ繰り返しておこう。我々現代日本人は、縄文時代において、自分の身を守るために、蛇の入れ墨をしていた人々の子孫である。歴史的にいえば、蛇は日本人にとって、福建省の人々と同じように、守り神であるといえる。

近年つくられたジャオドリのためのジャ。長崎の影響をかなり受けたつくりになっている

昔日のジャオドリ用のジャ。現在のジャほど長崎の影響が見られず、立福寺独自の蛇になっている。つまりジャオドリジャとは形が異なり、蛇の形が大型化している

五島町2014の
ジャオドリ
今のジャオドリは町内会ごとに独自のやり方も生まれ、かなり凝った演出になっている

五島町2014のジャオドリ

今でもジャオドリのジャに脚は見られない（写真右）。上の写真のように２匹のジャを使うジャオドリも登場。今後も様々なバリエーションが創作されるだろう。これが、くんちの醍醐味といえる

諏訪町2015のジャオドリ
昔からの玉を追うジャの様子が出されたり、とぐろを巻く様子（写真左）が表されたりする

ジャを操る人々
ジャの動きを決める先頭の人は、全体的な動きを感じながら、目の前の動きを瞬間的に決めなければならない。かなりの熟練が必要だ。この一瞬に、ジャを操っている人々のチームワークが感じられる

速く動くジャ
ジャを動かす速さをあらかじめ決めておく。速い動きのときも遅いときも、すべてのメンバーが同じ速度だからこそ、人々を魅了する踊りができる

K-4

福建省の蛇祭り

福建省で最大の河川、閩江。東シナ海に注ぐ大きな河は、海と陸をつないでいる

古代国家・越

蛇の祭りの話題の前に、まず我々が知らなければならないのは、もともとこの地にあった古代の越《えつ》（紀元前六〇〇年頃－紀元前三三四年）という国についてである。前章でふれたように、今日日本でイネが栽培されているのは、越からそれが入ったからであり、日本と越との関係は古く、そして深いといえるだろう。

『魏志倭人伝』に書かれている「倭」及び「倭人」は、日本先住民についてというよりも、越から日本に移った人々についての記述であると考えられる。古代中国語においては、中国現代語でwoと発音する倭と越は、同じ発音であった。つまり、倭＝越だったのである。

実際、古代国家・越が滅亡した後、越の人々は四方に分散して、中国のいたるところに倭という場所が広がった。現在の日本にも渡ってきたと考えられている。そして、複数あった倭の中で、唯一、国と

福建省南平にある蛇の廟。蛇王廟は川べりにあり、蛇が水神であり、海洋民族がこの神を祀っていることが分かる

なった。つまり、倭国は日本だけにあったのである。

古代の中国において異民族の呼称は、そのほとんどが獣などの名前であったが、倭は例外的にけものへんではなく、にんべんがついている。「背の低い人」の意味であり、意味的にはそれほどよくはないものの、人間である。つまり、漢族の王国と同じ人々ではないが、一応、人としてみなされている越の人が、倭ということになる。『魏志倭人伝』の倭人とは越人のことでもあるのだ。

越人と倭人

『魏志倭人伝』によると、倭人は蛇の刺青をして、自ら蛇の霊力を持って、漁撈をしていたことになる。

歴史上は、弥生人が中国などから日本列島に来たのは、弥生時代よりも少し前になるだろう。しかし、前に見たように考古学的調査によって、蛇信仰は縄文時代まで遡ることができる。つまり、越人の蛇信仰と同様の信仰を縄文人は日本列島でも持っていたと考えられる。越人が日本に来てからではなく、も

中国・福建省の南平にある蛇の廟の中の様子

とからの共通文化として蛇信仰はあったことになる。

蛇王廟の神

蛇の祭りがある南平は、中国南東部にある福建省の中部に位置する。南平は海には面していない。しかし、河や運河があれば、海洋文化はそれらを通って内陸部まで伝わる。南平もその中の一つで、福建省最大の河川・閩江《びんこう》の中流にある。河には海洋民が進出していて、南平にも古くから越系の海民が入っており、その河に面したところに蛇を祀る蛇王廟が建てられている。日本の神社と同じような信仰の場である。

蛇の廟には、次のような文章が書かれている。

「ここの住民は越の時代の子孫であり、蛇を信仰しており、その蛇は中国においては後に龍になっている。龍の元が蛇であり、それは自分たちの祖先が祀っていた神である」

中国国内で、このような蛇信仰は珍しい。中国

蛇王廟の内部

人の発想では、神として崇めるのは通常、龍であって、蛇は信仰の対象にはならない。しかしながら、地元の人々は越の時代の末裔である自分たちは、そのときからの蛇信仰を守っていると思っている。そして龍は蛇から派生した、人工的につくられた神であって、もともとは自分たちの神が本当だったと考えているのである。

蛇の廟の中には蛇が描かれており、大きな蛇がこのなかで飼われている。龍が想像上の動物であるのに対し、蛇は実在の動物であり、人々にとって身近な存在である。南平では、祭りのときに実物の蛇も登場する。日本の蛇祭りで蛇そのものが出ないのとは対照的である。

廟には、蛇神と関係のあった人物たちが次の神々になり、祀られている。偉人が神になるという考え方は、日本と中国で共通で、四十六ページの写真のような神々が廟には安置されている。

祭りに集まる村人

村人と同行の研究者

邪を祓う指し物

祭りの前の蛇王廟

蛇の廟での祭りに関与する道士

蛇祭り

今の中国の分類では、蛇王廟は道教に基づいている。祭りになると、道教の道士が祭りの采配をする。祭りの順序は日本と似ており、神に対する畏敬の念を強調し、五穀豊穣、安定・平和を祈念する。道士のこの祭りへの具体的な関与については調査していないが、日本の神社での神官と似ていると推測できる。

日本でいうところのお神輿《みこし》に神を担ぎ上げ、廟の外に出す。外に出された神は、人々によってさらに上に担ぎ上げられ、お披露目される。

お神輿にあたるものに神々を乗せて村中を練り歩くのも、日本と似ている。神々などを人々が担ぎ上げて、崇拝を明らかにして、それを周囲の人々に披露する。このやり方は日本と同様である。違うのは、お披露目のときに、あちこちで爆竹が鳴らされることである。中国では、爆竹が神を迎えるときの大切な道具になっている。

祭壇の供え物

祭りの最中に生身の蛇を皆の前に出して、蛇と人間が共生していることを確認している。日本の祭りでは、このようなことはあまり見られない。

ここでは蛇は人間の仲間であり、友達である。半農半漁の生活であった古代の越の人々にとって、蛇はネズミを駆除してくれる益獣である。また、蛇は水神でもあって、我々の生活を守ってくれる大切な神でもある。日本でもこれは同様で、今でも農家の人々にとって蛇は殺してはならない生き物とされている。

中国の場合、日常生活の延長上に祭りが位置づけられ、日常的に目にする蛇との関係が重視されているといえる。日本の祭りは非日常的な空間であって、なるべく日常を引きずらないようにされている。祭りの意味づけの違いをここに見ることができる。

蛇王廟に祀られている神々

一時的に神が鎮まる乗り物。日本的にいえば「お神輿」

神と村人

神輿に担ぎ上げられた神

祭りのお披露目の先頭を切る文化財看板

祭りで売られている蛇グッズ

爆竹を鳴らし神を迎える

蛇祭りに登場する本物の蛇

筑後の大蛇山

江浦の大蛇山

大蛇山に関する伝説

大蛇山は福岡県三池地方の祇園社の祭礼で披露される演目のひとつである。大蛇の飾りをつけた山車《だし》を曳き、太鼓や鐘を打ち鳴らしながら町を練り歩く。この山車のことを「大蛇山」と呼んでいる。

大蛇山に関する伝説「カニが町を襲う大蛇をハサミで三つに切って、三池になった」という民話「ツガニ伝説（蟹の恩返し）」があるが、大蛇山の祭りには、カニはまったく登場しない。もし、この物語の信仰があるのならば、ご神体は蛇ではなく、カニにならなければならないだろうが、実際にはそうはなっていない。この物語自体は大蛇山についてのものではなく、もとは京都にある蟹満寺の縁起に関わるものであり、それを少し変えて、三池の今山地方の伝承になっている。

後に三池氏を名乗る当時の支配者が、自らの守護神をカニにして、もとから地元にある蛇信仰の上に、「カニが大蛇を退治するという物語」を作り上げ、自

大牟田市と熊本県南関町とにまたがる三池山

らの支配の正統性を民衆に伝えるために、よそから持ってきたと考えられる。このような創作は、世界中で見られることである。

三池山信仰

大蛇山には三池山信仰が関わっている。三池山は標高三八八メートル、市内で一番高い山で、大蛇山の祭りがあるところからは、どこからでもこの山が見える。これは、大和の三輪山信仰と似ており、山岳信仰が蛇信仰につながっていると思われる。

三池山の頂上付近にある三池宮の裏には三つの池があり、三池白龍神が祀られている。この池は、鎌倉時代のある旱魃の夏の日、一夜にして出現し、雨乞いに霊験があるということで祀ったという。三池山は雨乞いの山でもあった。また、この池の水を取って帰り、自らの田にまき、稲の生長を祈っている。三池宮には中世の豪族・三池氏の山城の石垣も残っている。

ツガニ伝説は三池という地名の由来についても語っているので、もとからあった三池山信仰もカニ信仰に

三池山の頂上付近にある三池宮

入れてしまおうとしたのであろう。

このような三池氏による意図的コントロールが、この物語の背景にあると考えられる。しかし、三池地方の支配は、後には立花氏に代わったので、お話だけが残り、それがあたかも大蛇山と関係があるかのような話になっているのだ。

実のところ、蛇信仰自体は縄文時代にさかのぼり、地元の人々には当たり前のことなので、別段、物語など必要なかったと考えられる。

大蛇山を支える信仰

一般的には蛇の祭りというと、「そんな祭りがあるのか」などと思われているようだが、「長崎のジャオドリ」の章でも述べたように、蛇をご神体とみなして敬うことは古くから行われてきた。それは日本の神社や山などだけに見られることではない。

日本の神々との関係は明らかではないが、沖縄本島南端にある周囲約八キロの久高島《くだかじま》でも、ウミヘビを神の使いとしてあがめている。またウミヘビを薫製にし

沖縄・久高島

たものは琉球王朝時代の王への献上品であったし、「イラブー」といわれるウミヘビ料理が今でもある。この島は琉球の祖が天から降りて最初に創った神の島とされ、今日でも多くの神事が行われている。

東シナ海に面した地域にも蛇が神として祀られているところが多い。今の韓国・済州島には蛇神がいて、島の随所に蛇信仰が広がっているし、新羅《しらぎ》の景文王は蛇と同衾していたと伝えられている。蛇の神性は朝鮮半島でも一般的であった。

現在の韓国では、昔日の蛇が、中国の影響で龍に変えられている側面があると考えられる。日本も同様で、昔ながらの蛇のままの面と、龍と一体化して龍蛇信仰になった面、そして龍になった面など、文化が重層化していっていることが観察できる。

古来、信仰の対象であった蛇であるが、前述のように、稲作が広まった後は、穀物を盗み食いする害獣のネズミを食べてくれる益獣となり、水神として崇められるようになる。水神でもある蛇は、異形の大きな蛇、つまり大蛇となり、神として尊いものと見なされたと

三池本町の祇園宮（柳川藩大蛇山）でのお囃子

考えられる。

これだけ、古い信仰に支えられているのが、大蛇山という祭りである。

三池における祇園信仰の広がり

現在、大蛇山は大牟田市、柳川市、みやま市、熊本県玉名郡南関《なんかん》町と、旧柳川藩・三池藩の祇園の祭りとして行われている。

全国的に祇園信仰が広まっていったのは、平安時代からである。当時、京都では疫病が流行し、その原因が怨霊と考えられた。霊を鎮めるために疫病除けの神である牛頭天王《ごずてんのう》を祀っている京都の祇園社（現・八坂神社）で、たびたび御霊会《ごりようえ》が行われた（この御霊会がのちに祇園祭となる）。中世以降、日本各地に勧請されており、それに伴い祭りも広がっていった。

三池地区で本格的に祇園信仰が広まったのは、立花氏が入部してからである。立花宗茂は高橋紹運の長男で、後に立花道雪の養子になり、関ヶ原の戦いに敗れて改易されたあと、柳川藩の藩祖となった。宗茂は祇《ぎ》

三池本町の祇園宮の額（現・八剣神社）

園守《おんまもり》（京都の八坂神社の守り札を表したもの）を家紋とするほど祇園信仰に厚く、祇園社を勧請し、祭りを行った。ちなみに柳川藩立花氏の家紋は「柳川守」と呼ばれる。

　三池藩は今の大牟田市三池一帯だけの小藩であるが、柳川藩の立花氏の一族であり、立花を名乗った。一族ではあるが、それぞれ独立した藩である。その後、三池藩でも祇園神社が勧請された。

祇園から八剣神社へ

　大蛇山というと、今では大牟田市の祭りだと思われている。ところが、もともとの大蛇山は次の四か所で、古くからの水神信仰と祇園信仰が結びつき、それぞれの特色をもって開催されていた。その四カ所とは、三池（大牟田市）、渡瀬《わたぜ》、江浦《えのうら》（以上みやま市）、中島（柳川市）で、三池の大蛇山には、旧柳川藩（三池本町）と旧三池藩（三池新町）のふたつがある。大牟田市の大蛇山が一般的になったのは昭和になってからで、先の四か所が老舗の大蛇山である。

渡瀬の八剣（やつるぎ）神社

祇園祭がそれぞれの場所で始められた当初は、大蛇山はその出し物に入れられていなかった。その後、三池で行われていた大蛇山が取り入れられ、現在のような形になったと考えられる。

明治になり、政府は神仏習合を嫌い、神仏分離令を出して、祇園社を八坂神社に変更、その神を牛頭天王からスサノオに変えた。牛頭天王は釈迦が説法をしたインドの祇園精舎の守護神なので、神仏分離を進めるためには、この神は邪魔になり、天皇につらなるスサノオを神にしたのである。

三池では、八坂ではなく八剣《やつるぎ》神社になった。三池以外でも同じであるが、現地の人々は今でも「祇園さん」と呼んでいる。また旧柳川藩の八剣神社には、江戸時代のままの「祇園宮」と刻まれた鳥居が残っている。

渡瀬の八剣神社は、祇園のなかでも、かなり豪華な造りである。立花氏にとって祇園は重要な神であったことが、神社の作り方にも出ているといえる。

大蛇山用の竹取り（江浦）

大蛇山づくり

大蛇山は、長さ十メートル、高さ五メートル、重さ最大三トンになる。大蛇山ごとに事情は違うが、これが平均的な大蛇山だ。

大蛇山は、その地域の人々が、藁と竹、それに紙だけで毎年つくっている。自然のものなので材料は毎年少しずつ変わり、微妙な調整が必要になるが、この微調整によって、そのときどきの大蛇山の個性が表現される。ただし、地域ごとの伝統は継承されているため、地元の人々は、一目で「自分のところの大蛇山」だと分かる。

大蛇山一般にいえるが、口伝えで作り方が伝えられる。設計図などはなく、頭の中で完成品を予想してつくる。大蛇山は大きすぎて、場所の広さに応じてパートごとにつくるしか方法がない。そのため、全体イメージをもつ指導者がいないと、制作ができなくなっている。

藁と竹、それに紙だけでつくるので、藁の加工法

大蛇山の口をつくる（渡瀬）

は重要である。竹の土台をわらで肉付けし、大蛇の顎などをつくっていく。

首から上は、大蛇山の「顔」であり、最も重要な部位なので、入念な手入れが行われる。特に、口の部位は大きく開けた状態で、周囲を飲み込むような形になっている。この中に赤ん坊を入れる「かませ」を行う。「かませ」は子どもの無病息災を祈る行事で、獲物を飲み込む力をもつ蛇の霊力の強さにあやかろうとしている。大蛇山行事の大切な一こまで、大蛇山のあるところすべてで行われている。「かませ」は慣れている人が行い、その人は大蛇山メンバーの顔になっている。

また、大蛇山は口から煙や火を噴く。これは最大の見せ場である。

今でこそ大蛇山よりも高い建物があるが、以前は大蛇山が最も高く、壮観だったであろう。この高さがあって、首と尻尾が動き、口からは火と煙を吐く。見物客は、その大きさと火と煙に驚かされるだろう。

これは江戸時代から続いていると考えられている。

江浦古町の「かませ」。「かませ」をしてもらっている子どもからすると、天空に上がって、大蛇の口と一体化するのであるから、自分が大蛇になったような気分になるだろう。この体験はすぐに忘却するであろうが、「大蛇になった体験」として心に残るであろう

江戸時代には、三池藩、柳川藩ともに、通常は軍事物資である火薬の使用が認められていなかったが、大蛇山のときには特別に火薬の使用が認められた。当時、漆黒の闇のなかで、火と煙を吐く大蛇山は、一大スペクタクルに映ったであろう。

三カ月ほどかけて作った大蛇山は、祭りの最後に子どもたちが頭・胴体・尾を崩す「山崩し」で壊される。大蛇山の破片は無病息災・家内安全のお守りになるとされている。

大蛇山づくりは竹取りから始まる。今は春先に竹取りをしているが、三池では春先の竹は虫がつきやすいと、秋に行っている。春先の竹のほうが柔らかく加工しやすいという利点がある（江浦）

藁をなう。今では大蛇山でしか藁の加工は使われていない。この作業自体が伝統の技の伝承になっている（江浦）

竹の柔らかで、しなやかな性質を利用して加工し、土台をつくる（江浦）

毎年つくっているので、いつも通り、同じように組み立てる。熟練の技である。竹のもつ柔らかさで、いかようにでも加工可能だ（江浦）

完成品を予想して大まかな骨組みをつくる。材料は毎年少しずつ変わるが、基本路線はほぼ同じであり、材料によって、そのときどきの大蛇山の個性が表現される（江浦）

顔の土台完成。ここまで来ると、完成形も大体決まる（江浦）

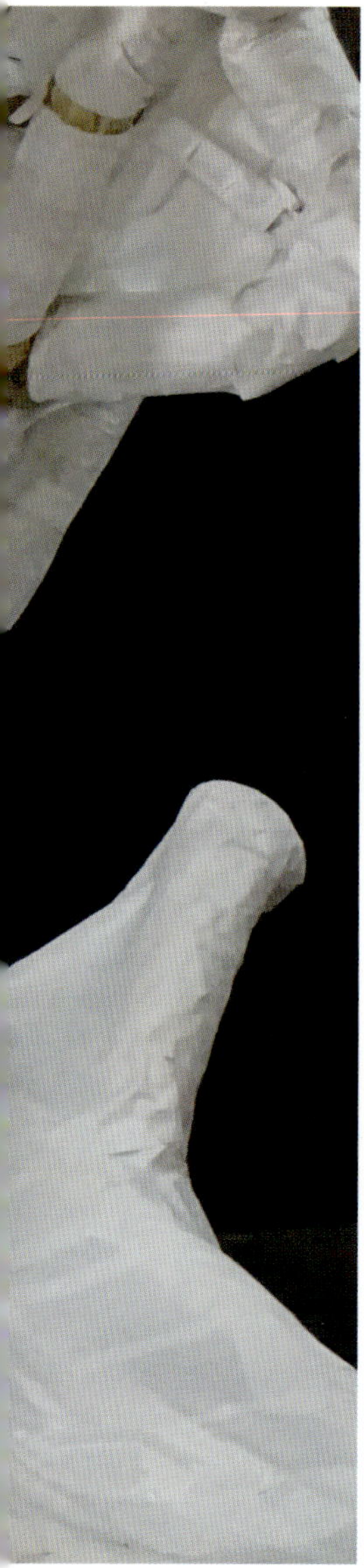

今では誰もいなくなっている神社で大蛇山づくり。神社にはスペースがあるので、仕事がしやすい。大蛇山づくりは男性の仕事であるが、手伝いにくる女性もいる（渡瀬）

首から上は大蛇山の中で最も重要な部位なので、
特に入念な手入れが行われる（渡瀬）

受け継がれる伝統

大蛇山は、祭りや技術の継承はもちろんであるが、学校ではできない子どもたちの教育の場になっている。

大蛇山づくりには子どもたちも参加し、大人のやり方を目で学び、見よう見まねで学習して作れるようになる。つまり、身体技法としては、昔のままの方法が残されている。この学習法は、現代の学校にはない。この能力は、いろんなことに応用できるだろう。地元の人々の教育の力である。

また、以前は子どもでもナイフなどで竹細工を行っていたが、今では危ないということでナイフを持たされなくなった。しかし、モノとの対話をしているかどうかは、その後の人生に大いに関係すると考えられる。創意工夫して思ったように自分で加工できるようになれば、子どもの自信にもつながる。身近なモノづくりがなくなると、モノが自分たちとは関係ない世界のモノでしかなくなってしまう。モノを大切にするこころは、モノとの対話で成立するといえよう。

さらに、祭り当日は子どもたちが大蛇山を引っ張っている。これにより大蛇山を自分たちで運営しているという意識が育てられる。祭りに子どもが参加することは地域の人たちとの一体感や連帯感を肌で感じる重要な機会になるし、自分たちの地元を自分たちで大切にするという意識も形成される。

祭りの日は、非日常の空間と時間であるハレの日である。土地のもつエネルギーや熱気を感じるだけでなく、地元の人々が大切にしてきたものを体で感じる機会でもある。そして感じたものや学んだことを後世へ受け継いでいきたいという思いも芽生えると思われる。地元の人々にとって、毎年、大蛇山を見られることは、自分たちの誇りでもあり、「自分たちの大蛇山」という強い意識が形成されるだろう。

大蛇山は土着の人々の信仰がもとになっており、その庶民性が今でも残されている。大蛇山への心持ち、いわゆる「大蛇山愛」は、現在大蛇山のあるすべての場所に見られる。大牟田出身者で大蛇山への愛着のない者はほとんどいない。

神燈

柳川藩大蛇山。一番上は今の建物のほぼ2階になる

三池の大蛇山

柳川藩大蛇山の八剣神社にはお堂があるが、三池藩の彌剱神社の隣りは寺で、お堂はなく、以前は倉庫の近くに池もあったということである。

三池地方の年中行事になっている、二つの大蛇山の競演であるが、もともとは別々にしか行われていなかった。二つの大蛇山競演は、複数の大蛇山のあるところ以外では見ることのできない行事である。今では柳川藩大蛇山がオス、三池藩大蛇山がメスということになっている。

以前は祭りの最後の山崩しの際に「目玉とり」（目玉争奪戦）が行われていた。これは大蛇の目玉を取り合うもので、大人も行っていたが、今は子どもたちが行っている。

三池新町彌剱神社では、祭りが終わると、三池藩の子どもたちのために作っておいた争

三池藩大蛇山。柳川藩（右）と三池藩では法被のデザインが違っている

三池藩大蛇山は地元の彌剱神社の境内にある倉庫に置かれている。大蛇山の時期になると、演芸場も設営され演芸が行われる。江浦、中島ならば、踊り山ということになろう

奪戦用の目玉がはめ込まれ、昔ながらの目玉争奪戦を繰り広げる。

綱を長くつなげ、それを地元住民が曳いて、大蛇山が一帯をめぐる（柳川藩大蛇山）

力強さが伝わってくる柳川藩大蛇山

大蛇山を曳く子どもたち。かなり長い綱であり、誰でも参加できる（三池藩大蛇山）

上品で美しさが強調された三池藩大蛇山

煙を吐く大蛇山。大蛇の首が前後左右に動くのにあわせ、煙が
周囲に広がって、大蛇が煙にかすんで見える。ダイナミックな
大蛇山の動きが、さらに動的に見えてくる（柳川藩大蛇山）

柳川藩大蛇山との競演に向かう三池藩大蛇山

柳川藩大蛇山と三池藩大蛇山の競演。いい意味での競合があるので、お互いに張り合いがある

渡瀬に残っている昔の大名行列（殿様行列）の写真

渡瀬の大蛇山

みやま市高田町下楠田にある現在の八剣神社は、かなり豪華な神社である。柳川藩立花氏の保護のもと、盛大な祇園祭が行われていたと考えられる。立花氏にとって祇園は重要な神であり、その神の祭りである大蛇山も重要だったはずである。

江戸時代の大蛇山は、大名行列（殿様行列）や踊りの舞台など、種々の催し物が開催されていた。

もともとあった祭りに、大蛇山を加えることで成立していた、渡瀬、江浦の場合は、それまで使っていた山車に大蛇を乗せて大蛇山にし、三池では使われていない太鼓を加えることで、エンターテインメント性を強化した。

渡瀬では、大名行列の名残といわれる「雲助道中」が年中行事になっており、地元では毎年の楽しみの行事である。

地元では毎年の楽しみの行事、大蛇山での「雲助道中」

みんな一緒になって大蛇山の山車を曳く。
吐き出す煙の色は場合場合で変えられる

火を吐く渡瀬の大蛇山。法被には、二つの
巴が特徴である柳川藩立花氏の家紋がある

料金受取人払郵便

博多北局
承認

0215

差出有効期間
2020年8月31
日まで
（切手不要）

郵便はがき

812-8790

158

福岡市博多区
奈良屋町13番4号

海鳥社営業部 行

通信欄

通信用カード

このはがきを，小社への通信または小社刊行書のご注文にご利用下さい。今後，新刊などのご案内をさせていただきます。ご記入いただいた個人情報は，ご注文をいただいた書籍の発送，お支払いの確認などのご連絡及び小社の新刊案内をお送りするために利用し，その目的以外での利用はいたしません。

新刊案内を［希望する　希望しない］

〒　　　　　　　　☎　（　　）

ご住所

ご氏名《フリガナ》　　　　（　　　歳）

お買い上げの書店名

長崎のジャオドリと筑後の大蛇山

関心をお持ちの分野

歴史，民俗，文学，教育，思想，旅行，自然，その他（　　　）

ご意見，ご感想

購入申込欄

小社出版物は全国の書店、ネット書店で購入できます。トーハン，日販，大阪屋栗田，または地方・小出版流通センターの取扱書ということで最寄りの書店にご注文下さい。本状にて小社宛にご注文下さると、郵便振替用紙同封の上直送いたします（送料実費）。小社ホームページでもご注文できます。http://www.kaichosha-f.co.jp

書名		冊
書名		冊

みやま市の淀姫神社。三池には、災害除けと豊作を祈願し、70キロほどの木臼に入った水を若者が後ろに投げやる「水かぶり」（臼かぶり）という祭りがあるが、これと同様の祭りがここでも継承されている

江浦の大蛇山

みやま市高田町江浦にある淀姫神社には、祇園のほか、高良、大日、稲荷なども合祀されている。もともとあった水神でもある淀姫神社に、別のところにあった祇園が、同じ水の神として一緒に祀られたと考えられる。この神社には、お堂も江戸時代のままあり、神仏習合が残されている。

江浦の大蛇山は、大蛇山三つ（古町、新町、二の丸吉原）、踊り山一つ（田中）で構成されている。この背景には、江戸時代、この地が三池街道と有明海の港がある柳川藩の流通の拠点であり、有力商人が集まっていたことが関係している。隣りの渡瀬も同様に有力商人がいた。江浦、渡瀬は、江戸時代のいわば「銀座」だったのである。そして祭りは、地元の農民にとって年に一度の開放の時間になっていた。その祭りを商人たちが利用して農

江浦の踊り山。祇園の祭りの出し物のひとつであることが分かる

民たちをコントロールしていたといえよう。このように、お金のあるところだったので、江浦の町内ごとに大蛇山があるのである。

江浦の踊り山は、山車の中に座っている女性が家に立ち寄るたびに、踊りを奉納する。同じような踊り山は、渡瀬と中島でも行われており、これを見ると、この三カ所では大蛇山は祇園の祭りの出し物のひとつであり、通常は「大蛇山」ではなく、「祇園」というのが一般的であることが分かる。

三池の大蛇山は神を呼ぶために鐘をならすが、これらの地域では太鼓を鳴らす。地域でのやり方が異なっている。つまり、祇園の祭りが始めらた当初は大蛇山はその出し物に入れられていなかったが、その後、三池の大蛇山が取り入れられ、現在のような形になったと考えられる。これらの地域では、大蛇山を含め、いろんな出し物があるのが、祇園あるいは祇園の祭りである。

古町の大蛇山メンバー勢ぞろい

二の丸吉原（上）と新町の大蛇山。どこの大蛇山も、今は見た感じが龍のようであり、昔日に比べて大型になった。しかし、基本的なやり方は継承されているので、各々の独自性も強調されている。今でも人力で山車を動かしている。これは地元の人々にとって、誇りになるだろう

東上町にある八剱神社。天保14（1843）年に創建されたとされている

中島の大蛇山

江浦の大蛇山をもとにして始まった柳川市大和町中島地区の大蛇山は、江浦以上に昔のやり方が残っている。

四つの町内組にそれぞれ受け持ちがあり、町内を巡行して東上町にある八剱神社をめざす。大蛇山（東上町）は複数あり、踊りながら町中を練り歩く踊り山（西上町）、柳川藩主が参勤交代に出る様を模した殿様行列（大名行列、中町）、親子獅子が踊る獅子山（下町）まである。

中島の大蛇山は、渡瀬、江浦のように柳川藩との深い関係があったのではなく、幕末、地元の漁師が自発的に始めた。

ここの大蛇山は漁師たちの祭りでもあり、勇壮に行われるため、終盤になると小ぶりな大蛇山がボロボロになっている。以前は「喧嘩まつり」と呼ばれていた。

神社に集まる大蛇山関係者たち。有明海での豊漁と干拓地での豊作を祈願する

かませ

大蛇が葦原から出てきたという設定だろう、これだけの葦を使うのは中島独特だ。昔ながらの大蛇山のやり方が残されている

昔のままの踊り山。こちらも葦の葉が多く使われている

毎年、大蛇山の山車を出している東上町のメンバー勢ぞろい。昔は住民が多かったので、同じ人々が毎年大蛇山を担当することはなかったが、人口が少なくなった近年では、渡瀬、江浦同様に、毎年、同じ人々が大蛇山を担当している

崩道の観音堂

崩道の大蛇山

神仏習合の時代は、祇園の神は仏教の神でもあり、観音堂に祀られていた。柳川市南浜武にある崩道《くえど》地区では、観音堂で毎年旧暦の六月十七日に大蛇山が行われている。

昔の女性は、毎日のように観音堂にお参りに行き、それによって霊力が高まり、その頂点のときに、大蛇山の祭りが行われていた。今でもその伝統は連綿と継続されている。

崩道は有明海の埋立地であり、毎年のように台風や大雨に襲われ水害を被っていた。一説では、水害防止のために人柱もたてられたという。水については苦労の多い場所だったので、観音堂を建立し、祇園祭を行ってきた。観音も大蛇もどちらも水神と見られていて、両方とも大切にしてきたといえよう。

崩道の大蛇山は、山車《だし》ではなく地元の潟土で蛇をつくるために動かない。材料は、有明

観音堂にお参りする女性

海の泥のほか、藁と貝殻で、すべて地元産である。

大蛇山を貝で装飾するのは、蛇のウロコの固さを表現するためである。蛇の体の特徴をその通りに表現している。

青年や子どもたちが毎年この装飾をすることで、自分たちが大蛇山の祭りを行っているという自覚につながり、それが郷土愛にもなるだろう。そしてまた、それは生き物への愛あるまなざしにもつながるだろう。

夜になると、子どもたちが花火に火をつけ、大蛇山の口から火を噴かせる。

このような大蛇山は今では崩道だけだが、この付近一帯に、同じような大蛇山があったのではないかと思われる。そして、泥人形の大蛇山が、江戸時代になって山車の大蛇山になっていったと推測できる。

ユーモラスな表情の大蛇山。右がオスで左がメス

大蛇山の顔を貝で装飾する

草むらの後ろからは長い尻尾が出ている。この大きさは、崩道全体を覆う大蛇のイメージで、天との関係も示唆しているといえる。雨と水神は結びついており、雨は天から降る。それが、蛇の神意となるのである

戦後に始まった南関の大蛇山。南関は旧柳川藩領だったので、
ここの祇園にも立花氏の家紋が彫られている

南関の大蛇山

南関《なんかん》で大蛇山が始まったのは戦後で、歴史は浅いが、江戸時代から南関の住民と渡瀬の住民には交流があり、渡瀬の大蛇山のお囃子を南関の住民が行っていた。南関は旧柳川藩領であったので、ここの祇園にも立花氏の家紋が彫られている。

そしてここにも、江戸時代以来の「ぎおんさん」という言い方が残っている。神は人間にない力を持っているが、その存在は、人間の身近にあって、対話可能な存在なので「さん」づけで呼ばれている。大切な神であり、そして身近な神でもある。

ここの大蛇山には、南関だけでなく、付近の人々が多くやってくる。こういった傾向は、新たに大蛇山を始めた大牟田市吉野などにも見られ、大蛇山の人をひきつける力の強さが分かる。

関町にある八劔神社前で参拝する。ここ南関の大蛇山には多くの付近の人やってきており、その数は、三池、渡瀬、江浦、中島よりも多い

南関にも江戸時代以来の「ぎおんさん」という言い方が残っている

南関の大蛇山の作り方、お囃子の演奏方法は渡瀬から来ているので、ほぼ同じである。ただ、南関の山車は下にタイヤがついていて、運転操縦できる

大蛇山グッズはプラスチック製、金属製などいろいろと出されている。紙製だと、すぐに使えなくなるので、このようになっているのだろう

「かませ」

煙を吐く大蛇

六山会の大蛇山が一堂に会する日、祭りは最大規模で、最高潮を迎える（大牟田三区大蛇山）

現在、大牟田市内には多くの大蛇山があるが、大牟田市内の次の６つの祇園神社を「祇園六山」という。

- 三池本町祇園宮
- 本宮彌劔神社
- 三区八劍神社
- 三池藩大蛇山三池新町彌剱神社
- 大牟田神社第二区祇園
- 諏訪神社

花火の競演。大蛇山が火を噴くように、
花火がつけられる。（六山会の大蛇山）

主な参考文献

吉野裕子『蛇——日本の蛇信仰』講談社学術文庫、一九九九年
原直正『龍蛇神——諏訪大明神の中世的展開』人間社、二〇一二年
北村皆雄「ミシャグジ祭政体考」（古部族研究会編『古代諏訪とミシャグジ祭政体の研究』人間社、二〇一七年）
石崎融思著・越中哲也註解『長崎古今集覧名勝図絵』長崎文献社、一九七五年
原尻英樹「東シナ海域の基層文化としての蛇信仰：三池・大牟田の大蛇山祭り」（金明美との共編著『東シナ海域における朝鮮半島と日本列島』かんよう出版、二〇一五年）

あとがき

本書は、長崎のジャオドリと筑後の大蛇山を写真で紹介し、それらの歴史と実態について書いた本である。二つとも、蛇を祀る祭りであることにかわりはなく、もともとの考え方は同じで、しかも、二つとも九州の祭りでもある。

私の出身は大蛇山のある福岡県大牟田市で、本書でも出てくる、現みやま市の渡瀬に実家がある。しかも、幼いときから、ＪＲの特急で行ける長崎にジャオドリがあることは知っており、地元に大蛇山があることも知っていた。この二つの祭りは私にとって、蛇の祭りとして記憶に染み付いていた。幼いときからのなじみのある二つの祭りについて紹介できて、うれしい限りである。

本書を読んで、さらに大蛇山について知りたい方は、私が二〇一五年に執筆した「東シナ海域の基層文化としての蛇信仰：三池・大牟田の大蛇山祭り」を参照していただきたい。大蛇山についてのほとんど初めての学術的論考がこれである。この本でも論じているように、やはり、東シナ海域全体から日本をみなければならないだろう。日本の我々は、中国から朝鮮半島と、むかしむかしからつながっている。このつながりは、アジア全域から太平洋に及んでいる。この本から、そんな広い広い、世界を見ていただければ、誠に幸いである。

なお、本書の写真の大半は私が写したものであるが、ジャオドリについては長崎市に資料を提供していただいた。祭りの最中に写真撮影することは大変難しいので、長崎市には感謝している。また、大蛇山祇園の祭りの開催日は毎年少しずつ変わるので、確認する必要がある。

二〇一八年九月

原尻英樹

原尻英樹（はらじり・ひでき）
1958年福岡県大牟田市生まれ。立命館大学産業社会学部教授。ハワイ大学政治学博士（宮沢賢治研究）。九州大学教育学博士（教育人類学）。現在、東シナ海域、武道的・武術的身体論、中国朝鮮族のトランスナショナリズムの研究をしている。著書に『コリアンタウンの民族誌：ハワイ・ＬＡ・生野』（ちくま新書、2000年）、『フィールドワーク教育入門』（玉川大学出版部、2006年）、『文化人類学の方法と歴史』（新幹社、2015年）など多数。近著に木寺英史氏との共著『超かんたん「体つくり」運動』（学芸みらい社、2018年）がある。

長崎《ながさき》のジャオドリと筑後《ちくご》の大蛇山《だいじゃやま》

■

2018年10月１日　第１刷発行

■

著者　原尻英樹

■

発行者　杉本雅子

発行所　有限会社海鳥社

〒812-0023　福岡市博多区奈良屋町13番４号

電話092(272)0120　FAX092(272)0121

印刷・製本　九州コンピュータ印刷

ISBN 978-4-86656-037-3

http://kaichosha-f.co.jp/

［定価は表紙カバーに表示］